夢をかなえる力

私がスケートから学んだこと

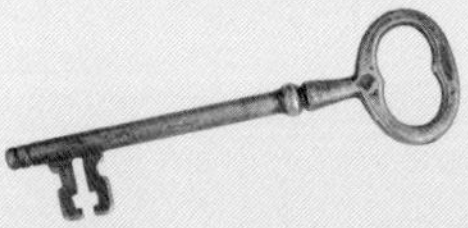

浅田真央

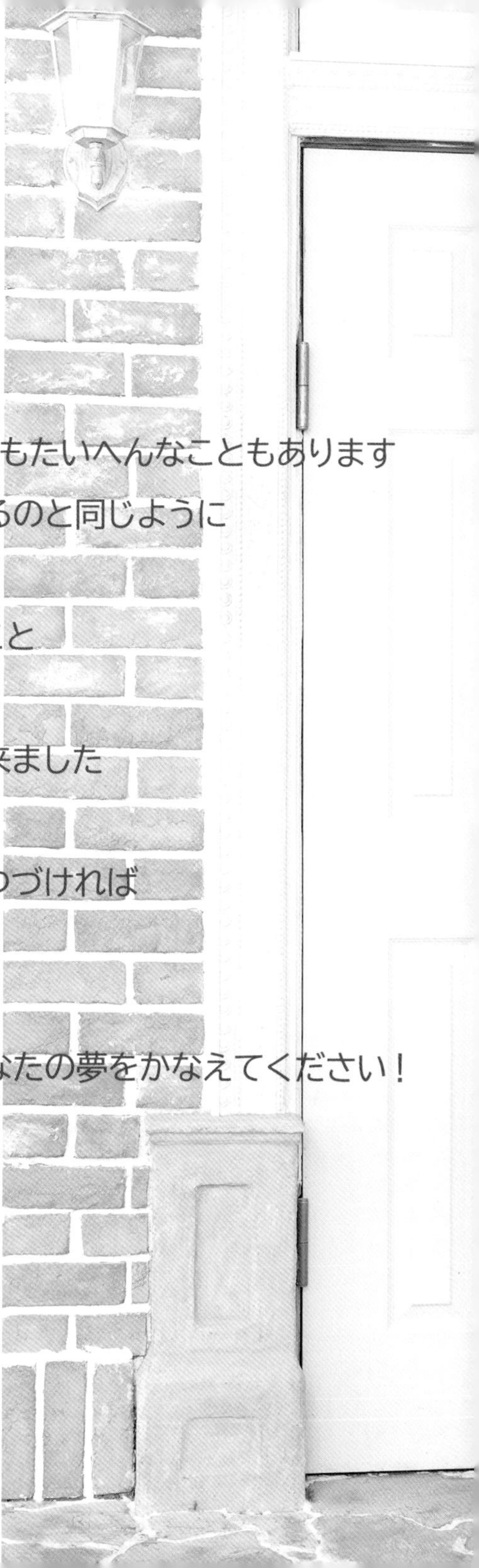

夢を追っていると、楽しいこともたいへんなこともあります
雨の日があって晴れの日があるのと同じように

私も、楽しいこと、うれしいこと
つらいこと、たいへんなこと
いろんな経験をしてここまで来ました

でもあきらめなければ、思いつづければ
かならず大きな舞台で輝ける

努力を積み重ねていって、あなたの夢をかなえてください！

浅田真央

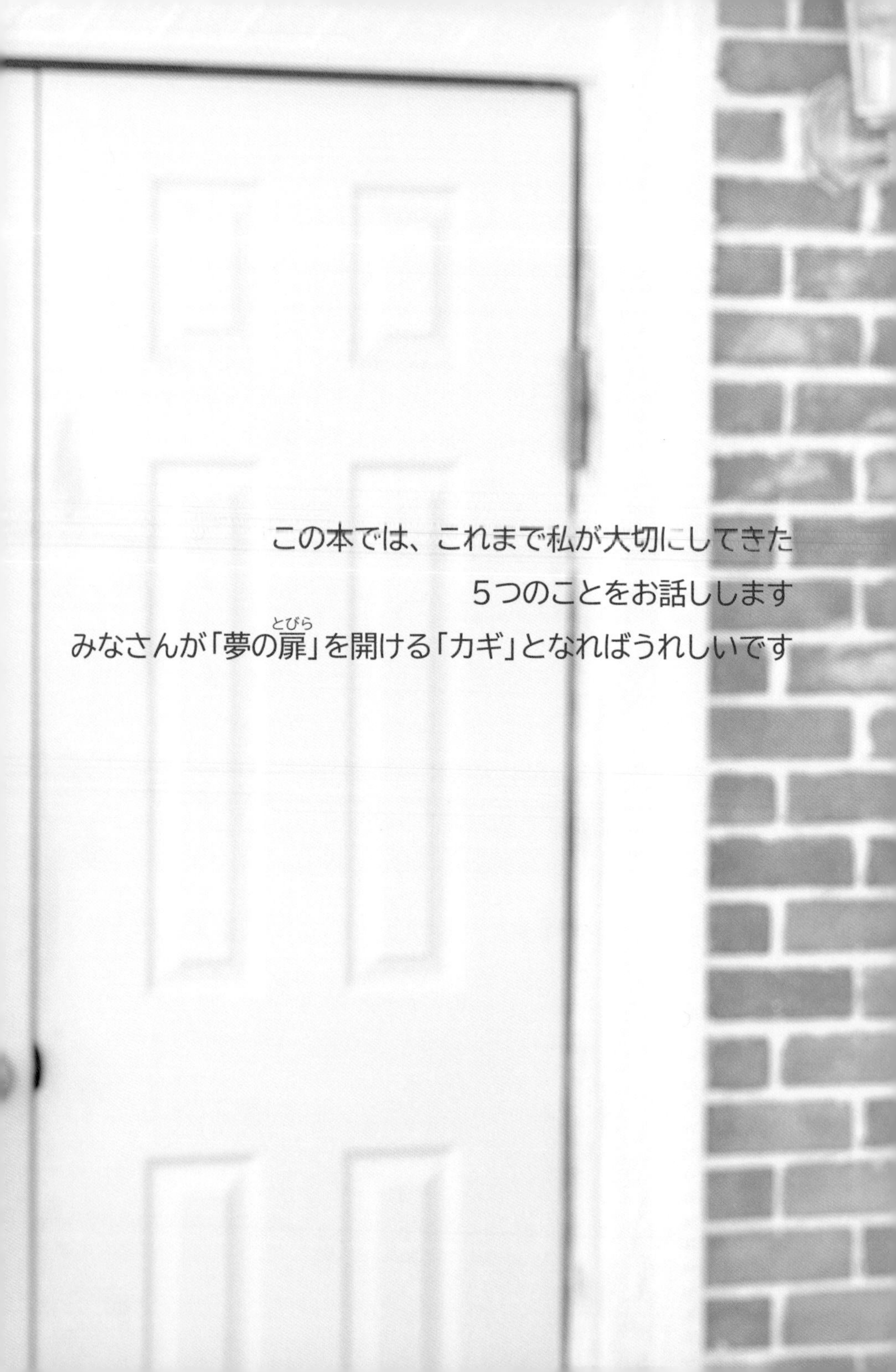

この本では、これまで私が大切にしてきた
5つのことをお話しします
みなさんが「夢の扉《とびら》」を開ける「カギ」となればうれしいです

Contents

夢をかなえる力

私がスケートから学んだこと

1 目標をもつこと

夢をかなえるには、
まず目標をもつことが大切です。
目標に向かって、楽しみながら
努力していきましょう！

練習を楽しむ

私がスケートを始めたのは、5才のとき。姉の舞《まい》と、近所のスケートリンクに行ったのがきっかけです。はじめはただ楽しくすべっていたけれど、小学生のときにオリンピックに出るという夢をもってから、本気でスケートに向き合うようになったんです。それからは、毎日スケートリンクに通って練習していました。朝は学校へ行く前にリンクへ行って1時間半の練習。学校が終わったらまたリンクで、22時半くらいまで練習。夜のリンクが空いていない日は、バレエやジャズダンスのレッスンを受けていました。

いま思えば、学校帰りに友だちと寄《よ》り道してクレープを食べる、なんていう時間はなかったけれど、それをいやだと思ったことはありません。2回転ジャンプが跳《と》べたらつぎは3回転ジャンプというように、練習すればするだけできることが増《ふ》えるのがうれしくて、スケートの練習が楽しくて仕方なかった。筋《きん》トレなどの基礎《きそ》トレーニングも、だんだん自分の体が整っていくのが感じられて楽しかったです。

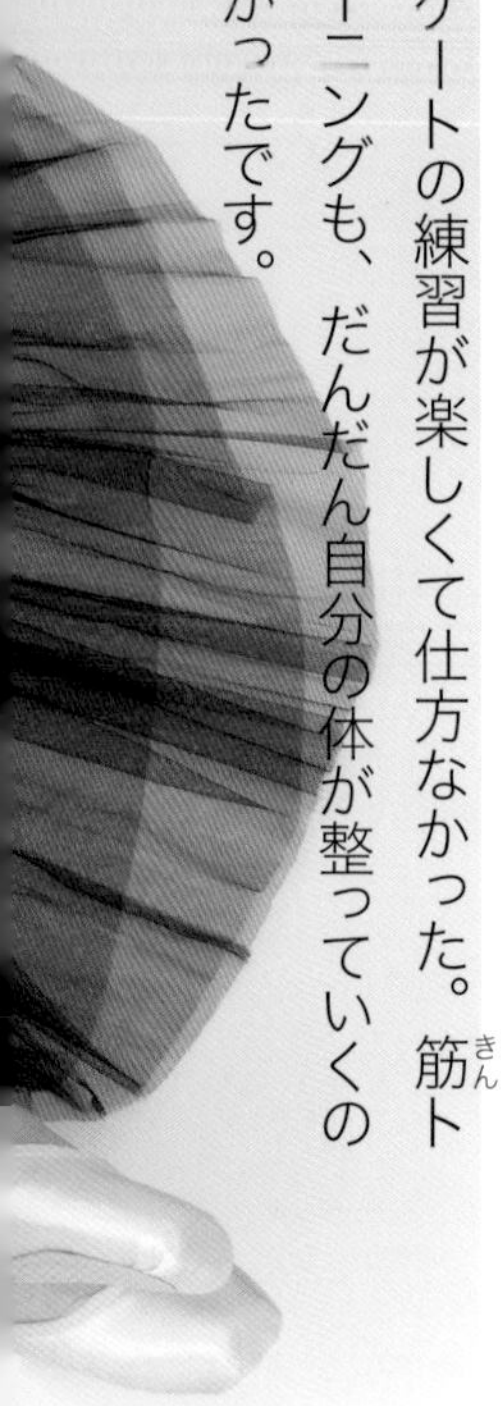

じつは、最初からスケートをしていたわけではなくて、小さいころはバレエを習っていました。足首がきたえられてバレエにも役立つからと、バレエのためにスケートを始めたんです。でもいつのまにかスケートのほうが好きになってしまって(笑)。

バレエってキラキラした世界ですけれど、練習自体は、ほんとうに地道な基礎の積み重ねですよね。小さいころはあまり好きじゃなかったけど、体が変わっていくのがわかると楽しくて、もっとやりたいと思うようになりました。実際《じっさい》、アラベスクで体をキープするのはスパイラルにつながるし、ポール・ド・ブラがきちんとできると、腕の美しさがまったくちがう。だから、私のスケートの基礎になっているのはバレエなんです。

＊アラベスク…片脚で立って反対の脚を後ろにのばす、バレエのポーズ
＊スパイラル…片脚を腰より高く上げたまますべる、フィギュアスケートの技
＊ポール・ド・ブラ…バレエで、腕をポジションからポジションに動かすこと

好きな気持ちを忘《わす》れない

大好きなことで夢に向かってがんばっていても、毎日つづけていると楽しいと思えなくなってしまうときもありますよね。私にもそんなときがありました。

15才のときにシニアの世界大会（グランプリファイナル）で優勝してからは、たくさん注目を浴びるようになって、スケートが「やらなきゃいけないもの」になってしまったような気がしたんです。そんななかで試合ごとに勝ったり負けたりをくり返していくと、スケートの楽しさを前より感じられなくなってしまって……。

でも、やっぱり私はスケートが好きだから。つらいことがあったり、1年お休みしたこともあったりしたけど、好きという気持ちがあったから、もどってきたんだと思います。

みなさんもつらいこと、たいへんなことがあっても練習に通っているのは、「好き」という気持ちがあるからですよね？　その気持ちをずっと大切にしてほしいと思います。

目標をもとう！

夢をかなえるためにみなさんに覚えておいてほしいのが、目標をもって過《す》ごしてほしいということ。目標は小さなことでいいんです。それをひとつずつ達成していくと、さらに大きな目標に近づけると思うから。

　これは私がいちばん大切にしてきたことでもあります。昔から、「今日はこれをしよう」と小さな目標を毎日立てていたし、「今年はこんな年にしたい」と1年ごとの目標も立てて、その先のオリンピックという大きな夢に向かってがんばってきました。どんなことがあっても、練習に行こう、スケートと向き合おう、という気持ちをたもてたのは、やっぱり目標があったからだと思います。

目標の立て方

目標は、できるだけ明確なものにするといいと思います。私は、「3回転-3回転の連続ジャンプを跳ぶ」「〇〇の大会で優勝する」などの目標を、紙に書き出していました。

そして、その紙を家のなかにはるんです。天井《てんじょう》にはっておいてそれを見ながら寝《ね》たり、階段《かいだん》にも、玄関《げんかん》にも、トイレにもはったりしていました（笑）。

目標が達成できたら紙をはがして、つぎの目標にはり替《か》えて。達成できたときは、ほんとうにうれしかった！　これがクリアできたら、つぎはこれをクリアしていく……まるでゲームみたいな感覚でチャレンジしていたから、楽しみながらがんばれました。「好き」という気持ち、そしてしっかりした「目標」があれば、どんなことも乗りこえられるはず。がんばって練習をつづけて、夢をかなえてほしいなと思います。

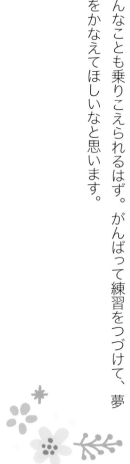

2

コンディションを整えること

練習をがんばるためにも、
いつもコンディションを
整えておきましょう！
食事やストレッチなど、
体づくりで大切にしてきたことを
お話しします。

食事はすべての基本！

中学生くらいになると、なかには体型の変化になやんで、ダイエットを考える人もいるかもしれませんね。私も15〜19才くらいまでは体型が変わりやすかったので毎日体重計に乗っていたし、食事にも気を使っていました。

ここでみなさんに伝えたいのは、無理なダイエットはぜったいにダメ！　ということ。これは私も経験したからいえることです。じつは一時期「野菜だけしか食べない！」と、すごくストイックに食事制限《しょくじせいげん》をしたことがありました。でも毎日何時間も練習して体を酷使《こくし》しているので、米などの炭水化物も食べないと体力が回復《かいふく》しないし、筋肉《きんにく》も落ちてしまって。あのままだと、心の面でも、「がんばろう」っていう気持ちがなくなっちゃったと思います。

食事に気を使うのは、やせるためじゃなくて、いいパフォーマンスをするためです。「動く前にきちんと食べて、動いたらそのぶん食べる」のが食事の基本。しっかり食べないといい筋肉もできないし、ケガにもつながってしまいます。

食べることを楽しんで

3食たべるのはぜったい大切。そのぶん私が気をつけていたのは、揚《あ》げ物など油ものを食べないこと、週に2、3回はお肉を食べて、よい筋肉を作るためのたんぱく質をとることです。

節制《せっせい》するのも大事だけど、ぜんぶがまんするのじゃなくて、あまいものなら砂糖《さとう》の代わりにハチミツを使ったり、フルーツにしたり。最近はカカオニブにハマっています。原材料はカカオだけれど、チョコレートみたいに砂糖《さとう》が入っていなくて、ポリフェノールがたっぷり。バナナときな粉とカカオニブをミックスしたものをトレーニング前に食べることもあります。

10代のうちは、体がどんどん変化する時期だから、不安なことも多いと思いますが、これをきっかけに自分に合った体の整え方を考えてみてください！

Mao's おすすめレシピ☆

しっかり栄養がとれるおいしい食べ方を探していくうちに、いろんな物をミックスして食べるのが好きになっちゃいました（笑）。よかったら試してみてください！

- **「バナナ×きな粉」** 元気の源《みなもと》！昔からよく食べています
- 最近ハマっている**「山椒《さんしょう》」**。ご飯にもおみそ汁にもかけます。バニラアイスやさつまいもなど、あまい食べ物とも意外と合うんですよ！

体と心を整えるウォームアップ

いつも最高のパフォーマンスをするには、練習はもちろん、練習前後に体を整えることも欠かせません。

私はウォームアップに、いつも同じメニューを行っています。約5分の軽いジョギングから始まって、ストレッチをして、そのあとチューブを使ったトレーニングで筋肉を引きしめます。そしてステップやジャンプのチェックをして、体を万全に整えてから、氷の上に乗って練習していました。

こんなふうにメニューをルーティンにすることにも意味があるんです。同じメニューを行うことで、「今日はどこがつかれているかな?」「昨日より体が重いかな?」と体の状態《じょうたい》をチェックできるので、そこを意識しながら練習できます。また、本番の日もいつもと同じウォームアップをすることで、心をふだん通りに整えることもできました。

クールダウンで自分の体と向き合う

みなさんはクールダウンをしていますか？じつは私、10代のときはクールダウンをほとんどしてなかったんです。何もしなくてもだいじょうぶだったんですね。

　意識するようになったのは20才くらいから。つかれが残ってつぎの日に響《ひび》くのを感じるようになって始めました。そのまま放っておくと、つかれがまた蓄積《ちくせき》されて、こんどは痛みに変わってしまうこともあるので、しっかり行うようになったんです。

　クールダウンは45分くらいかけて、脚のうら側やおしりなど、コリが強い部分を中心にストレッチ。ただほぐすだけじゃなく、「今日は練習でたくさんジャンプしたから、脚をもっと念入《ねんい》りにストレッチしよう」

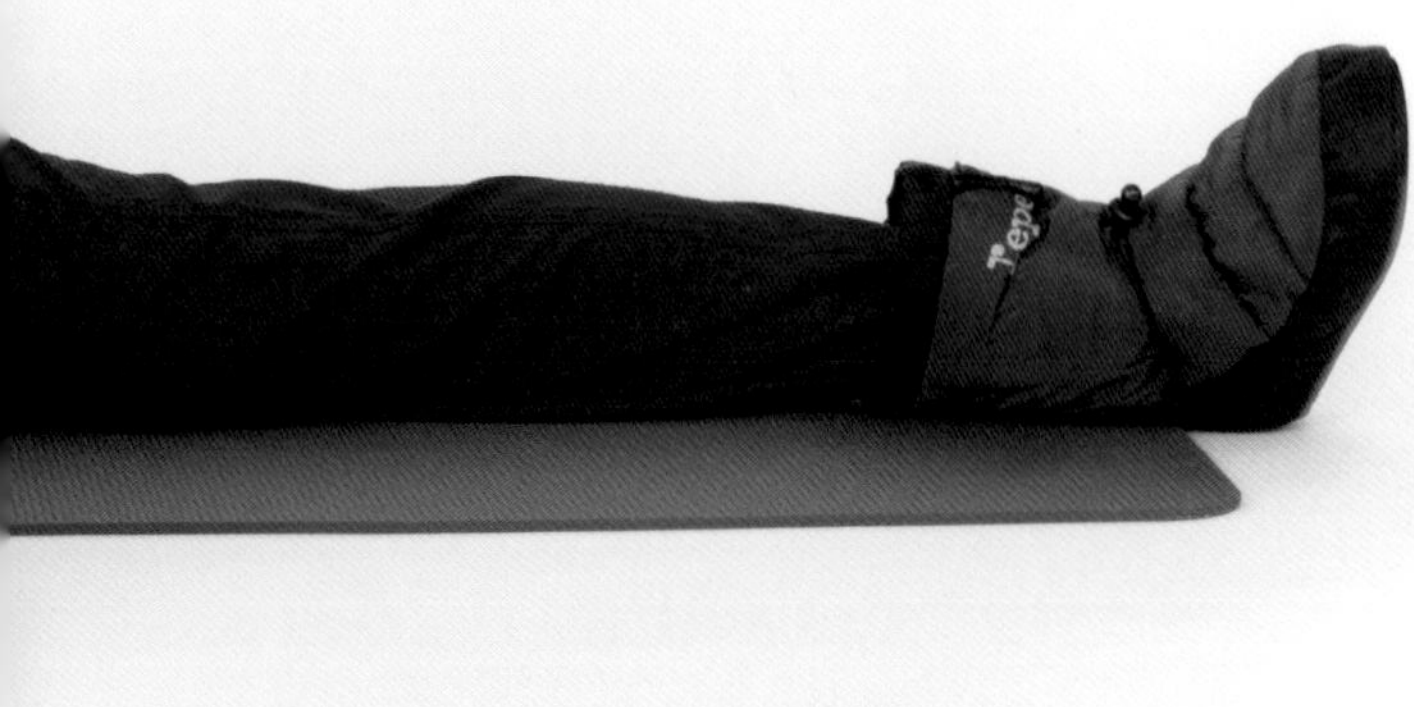

など、いろいろくふうしながら行っていました。

　ていねいに自分の体と向き合っていくと、コンディションを万全にしておけると思います。

Point

＊動きやすい服装で行いましょう
＊ゆっくり呼吸《こきゅう》しながら全身をリラックスさせてストレッチ
＊ムリに力をかけたりしないで、気持ちよくのばせるところまで行いましょう

Mao's ストレッチ

私が練習前後に行っているストレッチを紹介します！
みなさんもぜひ試してみてください。

MEMO

フィギュアスケートをすると、「おしり」「腰《こし》まわり」がはってしまいやすいんです。私はこの2つの部分をとくにしっかりストレッチしています。

左側のおしりと外ももをグーッとのばして

1 おしりのストレッチ

床に座《すわ》り、足のうらと足のうらを合わせます。
左手を左膝《ひざ》の内側におき、力をかけます。
反対も行いましょう。

2 おしりと腰のストレッチ

両脚をのばして座り、左脚を立てて右脚とクロスします。
右腕を左膝の外側に当て、上体を左にひねります。
反対も行いましょう。

ウエストをしっかりひねって、

3 脚のうら側のストレッチ

両脚をのばして座り、つま先を天井に向けます。
両手でつま先をもち、上体を前にたおします。

息をはきながら体を前へ
膝をしっかりのばしてストレッチ

4 つま先のストレッチ

両手でつま先をもち、上体をたおしながら
つま先をのばします。

つま先をグッとのばして
膝をしっかりのばしてストレッチ

MEMO

スケート靴のなかは見えませんが、
つま先もしっかり使っているんです。
だから、つま先のストレッチも
欠かせません！

5 もものうら側のストレッチ

右脚を立てて座り、右脚の上に左脚を乗せます。
左膝を横に向けてストレッチ。
反対も行いましょう。

左のおしりと、もものうら側をのばして

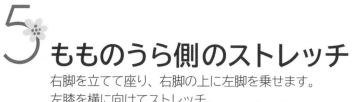

背中をまっすぐのばして

6 脚のうら側のストレッチ

床に座って両手で右足をもって脚を上げ、
体のほうに引き寄《よ》せます。
反対も行いましょう。

膝とつま先を自分のほうに向けて。
脚のうら側をしっかりストレッチ

7 太ももストレッチ

左脚を立てて右脚を体の後ろにのばす。
左手で右足をつかみ、つま先を背中のほうに引き寄せる。
反対も行いましょう。

背中はピンとはったまま
右足をできるだけ背中に引き寄せ、
ももをストレッチ

3

気持ちを
コントロールすること

毎日練習をがんばるのはもちろん
大事だけれど、「気持ちを整える」ことも、
試合や公演の本番で力を発揮《はっき》するのに
欠かせません。緊張《きんちょう》との向き合い方や、
自信のもち方をお話しします。

覚悟《かくご》を決める

夢をかなえるには、何があってもあきらめない、意志《いし》の強さが必要です。私がスケート選手になろうと決めたのは小学生のとき。98年の長野オリンピックで金メダルをとったタラ・リピンスキー選手を見て、私もこうなりたいと思い、母に「私は本気でスケートをがんばっていきたい」と伝えました。

それからはスケート一直線。毎日スケートだけに没頭《ぼっとう》してきました。私は器用なほうではないので、生活のすべてを注ぐくらいのことをしないと、ここまでたどり着けなかったと思います。たいへんなこともあったけれど、それはトップに行くためには当たり前のことだと思っていました。

けっこう頑固《がんこ》なところもあると思います。でも夢をかなえるにはそれだけの意志の強さも必要です。うまくいかないことがあったときも、「くやしい」気持ちを認《みと》めて、それを原動力にがんばっていました。みなさんも、本気でかなえたい夢に出合えたら、強い気持ちをもって、進んでいってください。

気持ちをリセット

強い気持ちで練習をがんばっていても、どうしてもうまくいかない日もありますよね。私も試合の1週間くらい前になると、ジャンプがぜんぜん跳《と》べなくなってしまう日があったんです。その日は1日なやんだり、泣いたり、考えたり……。でも、そうしてさんざん落ちこむことで気持ちがリセットされて、つぎの日からまた練習に集中して向かえるようになりました。

この日のことを、私は〝ナーバスデー〟と呼《よ》んでいました。毎日がいい日なんてことはありません。「今日はうまくいかないナーバスデーだから、仕方ないんだ」と割《わ》り切るくらいの気持ちでいると、リセットできると思います。

たくさん練習を積《つ》んできたんだから、精一杯力を出しきってパフォーマンスをしたいと思うのは当たり前。本番で力を発揮できるように、自分なりの方法を探してみてください！

緊張と向き合う

試合やショーの本番で力を発揮するためには、気持ちを整えることも大切です。とくに、緊張してしまったときの対処方法《たいしょほうほう》はみんながなやむことだと思います。私自身、子どものころはもちろん、海外の試合に出るようになってからも、緊張しなかったことなんてありません。

でも、緊張しすぎて体が硬くなって、練習の成果を出し切れないのはくやしいですよね。私は本番前に、深呼吸《しんこきゅう》をすごく深くするんです。まずはふつうに吸って、ふ――っとすごく長くはく。あとは、体の力をぬいて手足をゆるゆる動かすことも。

緊張するとドキドキしちゃうし、呼吸が浅くなってしまいます。そのままリンクに上がると過呼吸《かこきゅう》になってしまうこともあるので、本番前はできるだけ呼吸を整えるのが、緊張をやわらげるコツ。体が落ち着くと心も落ち着きます。

自分を信じよう！

緊張を克服《こくふく》しても、失敗をしてしまうことってぜったいあるもの。だから大切なのは、もし失敗をしてもそれを引きずらないことだと思います。

私にも本番で失敗してしまった経験があります。2008年の世界選手権で、最初のジャンプで跳び上がる前に何かに引っかかって、転倒してしまったんです。ちょっとびっくりするような失敗だったんですけど、そのあとは、きちんとすべることができました。＊

そうやってすぐに演技を再開できたのは、「練習はしっかりしてきたし、つぎはぜったいだいじょうぶ」って、わかっていたから。自分を信じられるくらい練習をしておけば、失敗に引きずられず、つぎに進めると思います。

＊そのあとはノーミスですべり、世界選手権初優勝

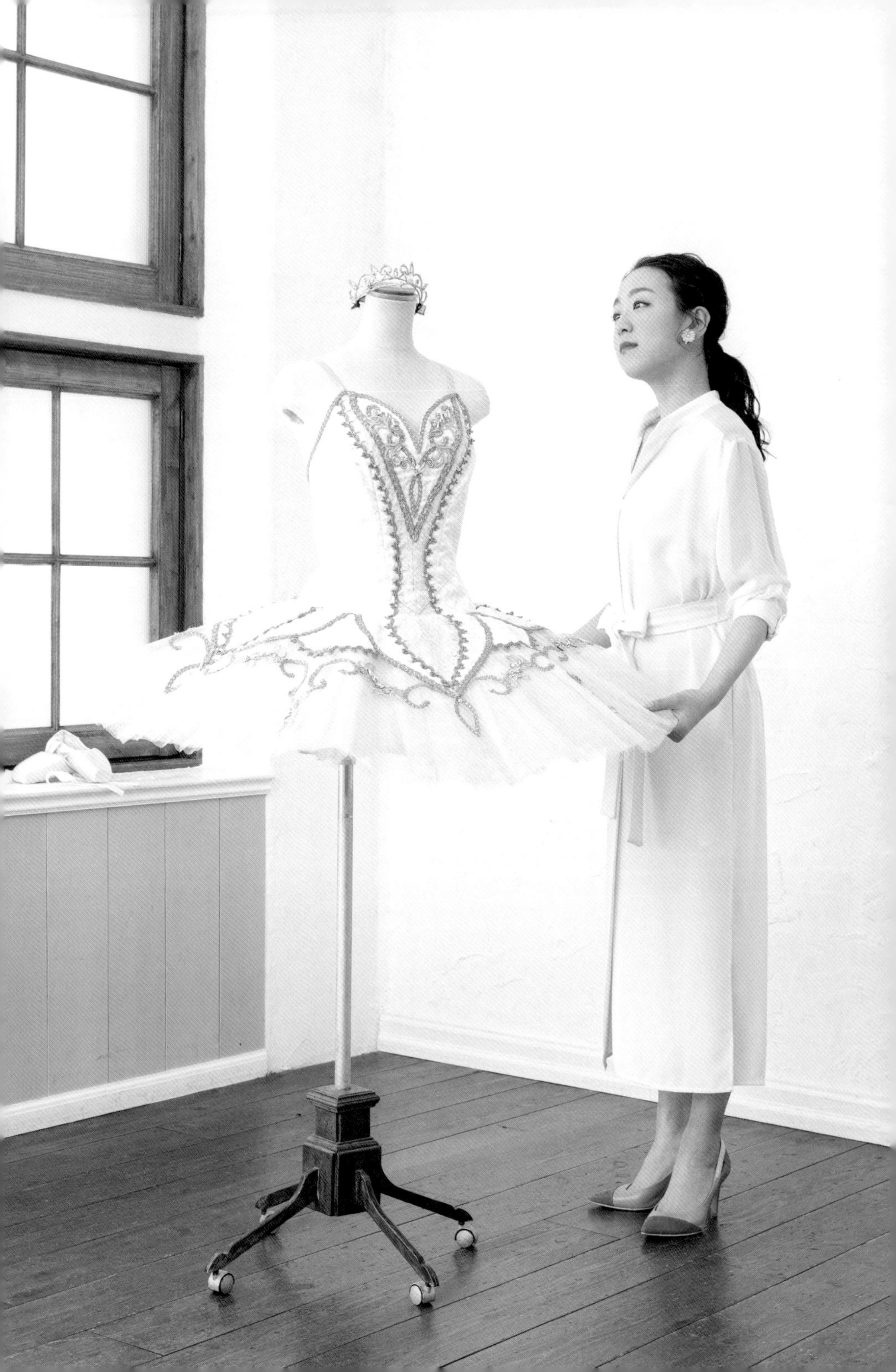

スケートやバレエ、新体操《しんたいそう》や音楽は人が採点《さいてん》したり、評価《ひょうか》したりするものだから、自分ではできたと思っても、評価されなくて落ちこむこともあるかもしれません。でも、自分ができたと思って、それがお客さんにも伝わったときの気持ちよさは本番でしか味わえないものです。

そして本番は成長のチャンスでもあります。私は試合が終わったら、つぎはどうしたらもっといい状態《じょうたい》で本番に臨《のぞ》めるか考えるようにしていました。みなさんも、1回1回の本番を大切にして、経験を積み重ねていってくださいね！

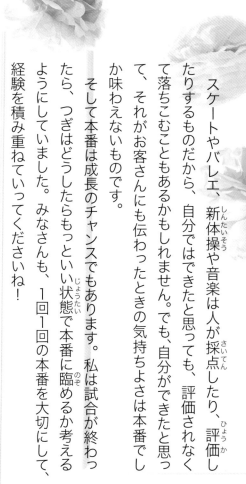

4 限界《げんかい》を作らないこと

「このくらいでいいかな？」と思ったら、
そこで成長は止まってしまいます。
自分がいまできることを精一杯やって、
どんどん自分の強みを増《ふ》やすと、
夢に近づけると思います！

表現にこだわる！

フィギュアスケートといえばダイナミックなジャンプや高速スピンなど、ハイレベルな技をイメージする人が多いかもしれませんね。でも、表現力もとても大切です！ 競技では、技の難易《なんい》度《ど》の「技術点」と、表現力の「演技構成点《えんぎこうせいてん》」を総合《そうごう》して評価《ひょうか》されるんです。

子どものころは、ただただジャンプが跳《と》べるようになるのが楽しかった！ あこがれの先輩《せんぱい》、伊藤《いとう》みどりさんや姉の舞《まい》に追いつこうと、技をみがくことばかり考えていたと思います。もちろん音楽を表現しようという気持ちはつねにあったけれど、ほんとうに表現に目覚めたのは、2014年のソチ・オリンピックのあとからです。

自分ではまだまだ現役でやっていけると思ってトレーニングしていたのですが、私より難易度の高いジャンプを跳ぶ若いスケーターが活躍《かつやく》するようになって……。そのとき、「この子たちに勝つために、自分は何をしたらいいんだろう？」と考えるように。

それで、「ほかの人とはこんなところがちがうんだよ、こんな表現もできるんだよ」という新しい面を見せることができたら、私の強みになるんじゃないかと思ったんです。

そこからは、もっとなめらかに動けるように練習したり、衣《い》裳《しょう》やメイクも表現のひとつとして、もっともっとこだわったりするようになりました。人にはそれぞれの個性や強みがあって、それが演技の魅力《みりょく》になるはず。自分のいいところをのばしていくと、自分らしい表現が見つかるんじゃないかな。

最高のものをめざして

私はいま、「サンクスツアー」というアイスショーで、全国のアイスリンクを回っています。自分がプロデューサーとしてゼロからすべてを作り上げるのは、想像《そうぞう》以上にたいへんなことでした。曲選びはもちろん、順番は？　衣裳は何着？　着替《きが》えのタイミングは？　と考えることがいっぱいで、ずーっとなやんでいて。いまできる最高のものにするため、いちど決めた構成も本番まで何回も作り直したんです。

私は、このショーを通じてお客さまに感謝《かんしゃ》の気持ちを伝えたいと考えていました。そのためには、出演者全員が気持ちを共有できていないとお客さまに届《とど》きません。構成を作りながら、メンバーに「このプログラムはこんな思いで作ったよ」「この振付にはこういう意味をこめて」と、何度も何度も伝えました。

たいへんなこともあったけれど、ショーがどんどんできあがるのはほんとうにうれしかった！　舞台を作るのはたいへんなことだけれど、とてもわくわくする経験ですね。

いろいろなことにトライする

みなさんはアイスショーを見たことがありますか？　ほとんどのショーは、たくさんのスケーターがそれぞれ1つか2つ作品をすべります。でも、今回のショーは私をふくめ、ほとんど全員が90分間出ずっぱりなんです！　構成は選手時代のプログラムをもとに、いろんな浅田真央をお見せできるよう、かっこいい曲やかわいい曲、ちょっとセクシーな曲……いろいろな曲を選びました。歌手の方のライブみたいなイメージです。

それができたのは、選手時代にさまざまなジャンルの音楽ですべることを心がけてきたから。たくさんのことにトライすれば、それだけ表現の幅《はば》が広がるはずだと思ってやってきたんです。

大事なのは、限界を作らないこと。私は何か表現をするうえで、「完成」はないと思っています。このショーも、公演を重ねるたびにレベルアップさせていきたい。みなさんも自分に限界を作らず、楽しみながらがんばってくださいね！

5 感謝《かんしゃ》の気持ちを忘《わす》れないこと

夢は、自分ひとりの力ではかなえられません。
支《ささ》えてくれる人、応援してくれる人——
まわりの人への感謝について、
私が考えていることをお話しします。

支えてくれた家族

5才からスケートを始めた私は、ほとんど毎日レッスンへ通っていました。朝からリンクへ行ったり、学校が終わってから直接リンクへ行ったり。そのあいだに、バレエやジャズダンスの教室にも通っていて。そんなふうにスケート漬《づ》けの生活ができたのは、母が毎日送り迎《むか》えをしてくれたからなんですよ。練習で夜おそくなるときも、ずーっと待っていてくれました。

ほかにも母は、いつも栄養《えいよう》バランスを考えた食事を作ってくれたし、家でのストレッチにまでつき合ってくれて。ほんとうに感謝しなければいけないな、と子どもながらに思っていましたね。ありがとうの伝え方は人それぞれだと思いますが、私は「いい演技をして結果を出したい。それが、母や父、支《ささ》えてくれた先生方への恩返《おんがえ》しになる」と考えていました。

いっしょにがんばる仲間

スケーター仲間との関係も、私にとって、とても大事なものです。10代のころから、国際大会《こくさいたいかい》にいっしょに行っていたので、みんな仲がいいんです。試合のときは、「男子ががんばったんだから女子もがんばろう!」という感じで力をくれる存在《そんざい》。そんな仲間と出会えて、いっしょにやってこられたのは幸せなことだなと思っています。

いまの「サンクスツアー」も、大好きな仲間と作り上げたものです。メンバーには無良崇人《むらたかひと》さんなど競技で活躍《かつやく》していた選手もいれば、まだ学生のスケーターもいるんですよ。ショーの企画を始めてからはほんとうにたいへんでしたが、ツアーのメンバーとの練習は、不思議と心強い! ひとりじゃないって思えますし、もっともっといいものを作り上げられるって感じるんです。

応援してくれるファン

フィギュアスケートの試合では、演技の終わりにリンクの中央でおじぎをします。そのとき私が決めているのが、前と後ろ、右、左におじぎをすること。リンクには四方向にお客さまがいるので、それぞれに「ありがとうございました」と心をこめておじぎをするようにしていました。

現役時代は、ファンの方の応援がほんとうに力になったんです。私にとってファンの方との関係は、双方向《そうほうこう》のものだと思っています。ファンの方に応援していただき、そのパワーをもらって私はよい演技ができる。それで結果が出ればうれしいし、ファンのみなさんもいっしょによろこんでいただける、そんなふうに感じていました。

「サンクスツアー」は全国で公演を行っています。大都市の大きな会場に足を運んでもらうのじゃなくて、私がみなさんに会いに行って、感謝を伝えたいと考えたんです。そこでは、公演を通じてみなさんから「来てくれてありがとう」という声を返していただくこともあって、ほんとうにうれしい。そんなふうにおたがい〝サンクス〟し合える関係っていいなと思っています。

お世話になっている人たち

ほかにも、コーチや振付師《ふりつけし》の方など、ほんとうにたくさんの人たちに支えてもらっています。ここには挙げきれないくらいです。

とくにお世話になったのは、振付師のローリー（・ニコル）。2005年にシニアデビューしてから、ずっとプログラムを作ってもらっていました。振付のときは、ローリーが住んでいるカナダに行くんですけど、ローリーはすごく厳《きび》しくて、表現やスケーティングについてビシビシ注意してもらっていました。また、振付だけではなくて、コンパルソリーというスケーティングの美しさをみがく練習を見てくれたり、母が亡《な》くなってつらいときに温かく寄《よ》り添《そ》ってくれたり……。とても感謝しています。

ローリーは、わざわざ愛媛公演まで「サンクスツアー」も見に来てくれたんです。ショーを作っている段階から、見てほしいと思っていたので、すごくうれしかった！

久《ひさ》しぶりに会ったから最初は緊張してしまったんですけど、本番前に会っていろいろお話ししているうちに、それが安心感に変わりました。おかげでとてもいい演技ができてよかったです。私のプログラムは彼女に振付してもらったものばかり。ショーを通じて、「いままでありがとうございました」という感謝の気持ちと、「私はここまで成長しました」というのを伝えられて、少し恩返しができたかなって思っています。

私がこれまで大好きなスケートをつづけてこられたのは、たくさんの人たちの応援や支えがあったから。みなさんも同じじゃないかな？　その人たちの気持ちに応《こた》えられるよう、毎日練習をがんばってください！　それが結果につながり、応援してくれた人といっしょによろこべるといいですね。

知りたい！
Mao's Q&A

スケートのこと、プライベートのこと
いろんな質問に答えます！

Q　誕生日は？

A　1990年9月25日です。

Q　好きなことは？

A　スケート！

Q　試合のときにお気に入りのアイテムなどをもって行くタイプ？

A　うーん、こだわりはあるんですけど、すぐ忘《わす》れちゃうタイプです（笑）

Q　気分転換《てんかん》の方法は？

A　食べることかな（笑）

Q　「お客さんに伝わった！」と思えた演技は？

A　2014年のさいたま世界選手権。ソチ・オリンピックのあとで、自分のできる精一杯の演技を見せられたという思いがあって、あのときはお客さんの声援《せいえん》や歓声《かんせい》がすごく自分のなかに入ってきました。

Q　撮影《さつえい》中に「かえるの合唱」を弾《ひ》いてくれた真央さん。ほかにレパートリーは？

A　「スケーターズ・ワルツ」を弾けます！
ピアノの発表会にも2回くらい出ました。

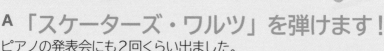

Q　スケートとバレエ以外に何か習い事をしていた？

A　ピアノや水泳、くもん……日本舞踊《にほんぶよう》もやってました！　日舞はつねに膝を曲げてすり足なんですけど、上体はきちんとたもっておかないといけないんです。それがいまでも役立っています。関係なさそうなことも、すべてがつながっているんだなって思います。

Q　バレエで踊ったことのある役柄《やくがら》は？

A　「キューピッド」と「フロリナ王女」です。トウシューズもはいていたんですよ。

Q　バレエの思い出は？

A　やっぱり発表会！　メイクをして、みんなでいっしょに舞台に立って、っていうのがすごく楽しかったです。

Mao's Q&A

Q　ふだんのメイクやヘアアレンジはどんなふう？

A　取材などのお仕事以外は、あまりメイクをしないんです。髪《かみ》は、現役のときは前髪を上げてポニーテールにするのが多かったです。3才からずっとひっつめているから、生えぎわがうすくなっちゃいそうで……（笑）。いまはゆるく結ぶか、分け目をつけるようにしてます。

Q　体は昔から柔らかかった？

A　もともとはほんとうに硬《かた》くて。前後開脚もできなかったんです。小学生のときは、毎日おふろあがりにストレッチをしていたので、だんだん柔らかくなりました。

Q　演技の前にしていることは？

A　音を立てないよう、氷をけずらず、くるっとターンして止まることです。

Q　ツアー先での楽しみは？

A　**美味しいご飯！**

その土地の名物を、
みんなで食べます！

Q　最近はまっていることは？

A　ボクササイズです。いまは週３日通っていて、多いときは5日行くことも（笑）。体力もつくし、体をひねるようにして撃《う》ちこむので、体幹《たいかん》もきたえられます。

Q　最近「素敵だな」「かっこいいな」と思った人は？

A　ライブに行ったら歌手の方から、舞台を見たら俳優《はいゆう》の方から、ほんとうにいろいろな人からパワーをいただきます。姉が舞台などの新しいお仕事に挑戦するすがたも、素敵だなって刺激《しげき》を受けます！

Q　スケートを教えるときに気をつけていることは？

A　最初はすべれない子どもたちも、練習をして、スケート教室の最後にはもうふつうにすべれるようになります。だから、あきらめなければ何でもできるんだよってことを伝えたいし、フィギュアの楽しさもいろんな子どもたちに伝えていけたらいいなって。

Q　最近の得意料理は？

A　カレー！

最近はお料理教室に通っているんですよ。家で作るときはアイディア料理ばかりなんですけど（笑）

Q　今後やってみたいことは？

A　テニス！　ウィンブルドンの大会を見て、やってみたいなって。ほかのスポーツをすることで、スケートにも新しい発見があって楽しいです！

浅田真央サンクスツアー レポート

2018年から日本全国で行っているアイスショー
「浅田真央サンクスツアー」のようすを、
写真といっしょにご紹介します！

＊写真は2019年2月宮城公演のもの

オープニング

オープニングは黒のマントで登場。これは〝なやんでいる私〟を表しています。はじめは窓《まど》のない暗い部屋にずっと閉じこもって、何をしたらいいかわからない状態《じょうたい》。そこへ少しずつ光が見えてきてマントをぬぎます。ゴールドの衣裳になって輝き出す……そんなストーリーをイメージして作りました。

リチュアルダンス

2016年、現役最後のシーズンですべった曲です。鳥をイメージした黒い衣裳から赤い衣裳へ、リンクの上で早替《が》えしないといけなくて。衣裳のジッパーや着替えの方法など、改良に改良を重ね、さらに改良を重ねるくらい(笑)、くふうしました。

ラフマニノフ ピアノ協奏曲第２番

2013年のフリースケーティングの曲。ショーのためにパートを分けて、出演者のみんなと私ですべっていく演出にアレンジしました。2014年の世界選手権ですべったのと同じ衣裳で、私にとっても思い出深いです。

素敵なあなた

2015年のショートプログラムですべった曲です。男性といっしょに踊るともっと曲のムードを生かせると考えていたので、それをかなえられてよかった！

踊るリッツの夜

小道具もひとくふう。ほかに『Over the Rainbow』ではリボンを使って虹《にじ》を表現したり、『月の光』では光るボールを月に見立ててかかげながらすべります。

蝶々夫人

2015年のフリースケーティングのプログラム。試合のときは紫《むらさき》のみじかいスカートの衣裳だったんですけど、ショーでは日本らしく、着物のような衣裳ですべりました。

カーテンコール

ショーには9人のメンバーが出演してくれています。みんなで動きを合わせるのはなかなかむずかしくて、何回も何回も確認しながら練習しました。

Mao's History

1990年　愛知県名古屋市に生まれる

1995年　スケートを始める

2005年　世界ジュニア選手権優勝
グランプリファイナル初優勝

2006年　全日本選手権初優勝

2007年　東京世界選手権初出場2位

2008年　イェーテボリ世界選手権初優勝
グランプリファイナル2度目の優勝

2010年　バンクーバー・オリンピック銀メダル
トリノ世界選手権優勝

2012年　全日本選手権6度目の優勝

2013年　グランプリシリーズとファイナル全7大会制覇

2014年　ソチ・オリンピック6位
さいたま世界選手権優勝
1年間休養に入る

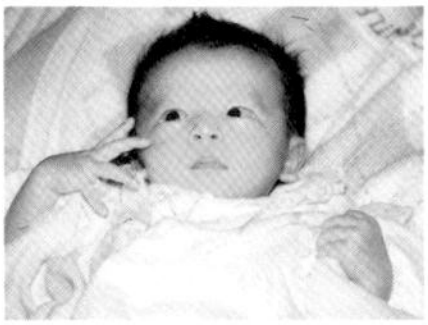

左：2005年世界ジュニア選手権　中：小学3年生のとき、県大会で
写真／菅原正治

2015年　現役復帰
グランプリシリーズ　中国大会優勝
2016年　ボストン世界選手権7位
2017年　現役引退を表明
2018年～　浅田真央サンクスツアーを開催

2014年 さいたま世界選手権　写真／ジャパンスポーツ

写真／松谷靖之

14才の 浅田真央

世界ジュニア選手権で優勝し、いっきにスターになった真央さん。
当時の貴重なインタビューをとくべつに公開！

＊このインタビューは2005年発行「TuTu Clara」(新書館)の再録です

練習が大好き！

―　世界ジュニア選手権優勝、おめでとうございます！

浅田　ありがとうございます。最初にトリプルアクセルを決めることができたので、自分でも、すごく波に乗って演技できたと思います。そのあとのジャンプもすべて決まって、結果にはとても満足しています。

―　スケートを始めたきっかけを教えてください。

浅田　私が5才のとき、姉の舞《まい》がスケートをやりたいといったので、家の近所のスケートリンクでいっしょに始めました。最初はスキーウェアを着て、ヘルメットをかぶってやっていたんですよ。習うというよりも遊びという感じで、楽しかった思い出がいっぱいです。

―　そのころ、ほかのおけいこごとはしていましたか？

浅田　バレエとジャズダンスを3才から習っていました。5才からは、ピアノ、水泳、くもんも始めました。でもスケートが楽しくてたくさん通うようになったら時間がなくて、どんどんやめてしまったんです。習っていた期間は、水泳とくもんは1ヵ月、ピアノは1年くらい。でも、バレエとジャズダンスは大好きだったから、それぞれ小学5年生、小学1年生までつづけました。発表会とかでメイクしてもらって、舞台の上でみんなといっしょに踊るのがすっごく楽しかった！　フィギュアスケートではバレエの基礎《きそ》が大切なので、大会のないときはいまでも、越智《おち》インターナショナルバレエのレッスンに通っているんですよ。最近始めたのは太極拳《たいきょくけん》。丹田に力を入れる、というのを教わって、なんとなく体の軸《じく》を感じられるようになった気がします。

――スケートは、週に何回くらい通っていたのですか？

浅田　幼稚園《ようちえん》のころは覚えていないんですけど、小学校に入ってからは、毎日通っていました。

――スケートだけがここまでつづいている理由は何なのでしょうか？

浅田　やっぱり好きだからですね。試合でうまくいかなかったりすると、「ああ、だめなのかな」って思ったりもするけど、やめたいと思ったことはないし、スケートの厳《きび》しさみたいなものを

2004年12月　ジュニア・グランプリファイナル
写真／菅原正治

感じたことも、あんまりないんです。私は試合も好きですけど、練習はもっと好き。ジャンプがうまく跳《と》べなくていらいらしているときも、練習で舞といっしょに跳び合いっこをすると、すごく楽しいです。

――つねに、何か目標を設定してスケートをやっているのですか？

浅田　私はジャンプが大好きなのでこれまでずっと、1回転を跳べるようになったら2回転、2回転を跳べたら3回転を目標にしてがんばってきました。はじめて1回転を跳べるようになったのは、5才のとき。2回転は小学2〜3年生のころで、3回転は小学5年生のときでした。いまの目標は、むずかしいスピンやステップの逆回転、ジャンプの4回転をマスターすることです。

上：4才のとき、バレエの黒猫の衣裳で　左下：10才のとき、バレエの発表会で
左は姉の舞さん　右下：9才のとき、バレエの発表会で

ノーミスをめざして！

―― 今年は受験生。学校とスケートの両立はどのようにしていますか。

浅田　学校が終わってからリンクに行くと、1時間くらいしかすべれません。しかも混《こ》んでいて、ジャンプなんてできない。だからシーズンが始まったら学校を早退するか、お休みして朝からリンクを貸切《かしきり》にして練習しています。学校がお休みのときは、リンクが営業している11時半～6時までほかのお客さんたちといっしょにすべったあと、6時半から9時50分まで貸切にして練習。そのあと家に帰って、お風呂に入って、ごはんを食べて寝《ね》る、という感じです。勉強は土日に済《す》ませるしかありません。大会で学校に行けないときは、友だちがノートを貸してくれるのでとっても助かっています。高校は、推薦《すいせん》がとれるといいな。

　あまり学校に行けないと、みんなとおしゃべりしたり、遊びたいなと思うことはあります。でも、スケートの友だちもたくさんいて毎日リンクで会えるから、楽しいですよ。

上：中学1年生のとき、エキシビションで　左下：小学6年生のとき、全日本選手権で
右下：7才のとき、県大会で

――これからスケートを始める人に、おすすめしたいおけいこは？

浅田　バレエはおすすめです。あと、英語ができるといいと思います。大会で外国に行ったり、海外の選手とコミュニケーションをとるとき、私は聞き取ることはできるけど、しゃべれないからいつもジェスチャーなんです。インターナショナルスクールの幼稚園に通っていたので、そのまま付属の学校に上がっていればペラペラになっていたと思うんですけど、小学校は公立校に進学したから。

――これからもっと伸《の》ばしていきたい自分の長所はどんなところですか？　また、自分に足りないと思うところがあれば教えてください。

浅田　一つひとつの試合で、満足のいく演技ができることです。でもまだ、ミスがある。これからは、大会に出るたびに、ノーミスで演技できるスケーターになりたいです。

自分に足りないと思うのは、迫力《はくりょく》。アメリカのミシェル・クワン選手やサーシャ・コーエン選手のような迫力をつけたいです。

そして、アイスダンスの選手のように、もう少しおとなっぽい雰《ふん》囲気《いき》を出してすべれるようになれたらと思います。

――スケートをやってきてよかったと思いますか？

浅田　つづけることって、なかなかできないことだと思うんです。9年間スケートをやってきたことは、自分でもすごくいいことだと思うし、これからもつづけていきたい。そして、将来はプロのスケーターになりたいです！

2004年12月　全日本選手権。山田コーチと

大好きという気持ちを忘れなければ

夢を叶えることができるはず

皆さんの夢を応援します。

一緒に頑張りましょう。

本書は「クララ」2018年5月号～2019年3月号
「浅田真央さんがアドバイス☆ 夢に向かってがんばるみんなへ！」に加筆し、再編集したものです

写真 政川慎治（P.1～75、P.94）
新書館「ワールド・フィギュアスケート」編集部（P.76～82）
イラスト いわにしまゆみ
衣裳 藤澤まさみ
ヘアメイク 野澤洋子
協力 チャコット株式会社、バレエショップフェアリー、AWABEES
表紙・本文レイアウト SDR（新書館デザイン室）

夢をかなえる力
私がスケートから学んだこと

著 浅田真央

Clara編

2020年2月10日 初版第1刷発行

発行者 三浦和郎
発行 株式会社 新書館
編集／〒113-0024 東京都文京区西片2-19-18
TEL03-3811-2871 FAX03-3811-2501
営業／〒174-0043 東京都板橋区坂下1-22-14
TEL03-5970-3840 FAX03-5970-3847
印刷・製本 株式会社 加藤文明社

Printed in Japan ISBN 978-4-403-33067-4 C 0075